The Adventures of Monsieur Robinet

John Hegley was born in Newington Green, London, in 1953.
His father was born in Paris. His mother was born in Ramsgate.
His dog was born in Wales. She ran away in 1985.

flowers by Pam Brabants

The Adventures of Monsieur Robinet
John Hegley

Donut Press

First published by Donut Press in April 2009.
This illustrated third edition published in December 2010.

Donut Press, PO Box 45093,
London, N4 1UZ.
www.donutpress.co.uk

Printed and bound by
Aldgate Press,
3 Gunthorpe Street, London, E1 7RQ.

Donut Press gratefully acknowledges
the support of Arts Council England.

ISBN: 9780956644558

LOTTERY FUNDED

For Isabella Honey

Acknowledgements

John Hegley and Donut Press would like to thank Florence Bamberger, Céline Bougard, Catherine Marcangeli, Nathalie Said, Geoffrey Strachan and Juliette Uebel for their generous help with French versions.

Donut Press would like to thank Jude Cowan for her kind editorial support.

In the pages that follow, please feel free to draw your own illustrations and conclusions.

The Adventures of Monsieur Robinet

Un beau matin, chez le boulanger, Madame Toutmoi dit à Monsieur Robinet 'Ah, bonjour ma saucisse, je prends le train pour Paris, samedi prochain. Vous êtes le bienvenu si vous voulez m'accompagner.'

'Merci, mais c'est impossible,' dit Monsieur Robinet. 'Samedi prochain je donne un bain à mon chien.'

One morning, in the baker's, Madame Toutmoi says to Monsieur Robinet, 'Ah, hello my sausage. I am going to Paris on the train next Saturday. You are most welcome to accompany me.'

'Thank you, but it is not possible,' answers Robinet. 'Next Saturday I am washing my dog.'

Monsieur Robinet est dans la cabane de jardin avec son chien. L'homme répare sa bicyclette. Le chien met son nez dans la boîte à outils. 'Non, pas dans ma boîte à outils, Chirac,' dit Monsieur Robinet. 'Sauf si tu sais réparer un pneu crevé.'

Monsieur Robinet is in his shed with his dog. The man is repairing his bicycle. The dog puts his nose in the box of tools. 'Not in my tools, Chirac,' says Monsieur Robinet. 'Not unless you know how to repair a puncture.'

Un après-midi, dans le jardin, avec la vieille pelle de son père, Monsieur Robinet creuse un grand trou. Dans le trou il met la niche de Chirac. Son voisin le regarde d'en haut par la fenêtre.

Le travail fini, Robinet dit à son chien, 'Ne la déterre pas s'il te plaît ... Bon chien.'

One afternoon in the garden, with his father's old spade, Monsieur Robinet digs a big hole. Into the ground he puts Chirac's kennel. Unseen, his neighbour watches from the window upstairs.

The job completed, Robinet says to his dog 'You are not to dig it up ... Good dog.'

Monsieur Robinet est parti rendre visite à son frère en Angleterre. Pendant son absence, son ami Monsieur Raymond donne à manger à Chirac. Il répare aussi la télévision de Monsieur Robinet. C'est Noël. Monsieur Robinet a un cadeau pour sa nièce. C'est un petit chien en plastique qui parle. Le chien dit: 'Où est ma niche?'

Monsieur Robinet is visiting his brother in England. His friend, Monsieur Raymond, gives food to Chirac during his master's absence. He also repairs Monsieur Robinet's television. It is Christmas. Monsieur Robinet has a gift for his niece. It is a little plastic dog. The dog speaks. It says 'Where is my kennel?'

Monsieur Robinet rentre chez lui après les vacances. Il enterre ses bagages dans le jardin. Le voisin le regarde par la fenêtre. Quand Robinet a fini son travail il s'assoit près de son chien sur un tas de pierres. Après quelques instants il se rappelle que sa poire est cachée dans ses bagages, dans un de ses souliers.

Monsieur Robinet comes home from his holiday and buries his luggage in the garden. His neighbour watches from the window. When Robinet has finished his work he sits beside his dog on a pile of stones. After a few moments he remembers that his pear is hidden in his baggage, in one of his shoes.

'Monsieur Robinet ... Bonjour ... Voilà ... voulez-vous venir voir mon nouveau chien?' dit Madame Toutmoi au téléphone.

'Un nouveau chien!' s'exclame le maître de Chirac, intrigué. 'Comment s'appelle-t-il?' demande le maître de Chirac.

'Il s'appelle Mitterrand' répond-elle.

'C'est un nom très bien' dit Monsieur Robinet. 'Oui ... très bien.'

'Monsieur Robinet ... Hello ... Now ... do you want to come and see my new dog?' says Madame Toutmoi, on the telephone.

'A new dog!' exclaims Chirac's owner, interested. 'What is it called?'

'It is called Mitterrand,' she replies.

'A very good name,' says Monsieur Robinet. 'Yes ... very good.'

Un jour, Monsieur Robinet est en train de taper sur sa télé quand il entend un toc toc à la porte. C'est Madame Toutmoi. 'Mitterrand a disparu,' crie-t-elle.

'Un moment s'il vous plaît,' dit Robinet, et il va au jardin vérifier que Chirac n'a pas disparu lui aussi. Puis il rentre chez lui, prêt à participer aux recherches.

One day Monsieur Robinet is busy beating his television when there is a knock knocking at his door. It is Madame Toutmoi. 'Mitterrand has disappeared,' she cries.

'Please excuse me,' answers Robinet, going out into the garden to make sure that Chirac has not disappeared also. He then returns indoors, ready to join the search.

Le soir, il neige. La nuit, il gèle. Le matin, comme d'habitude, Monsieur Robinet va au magasin acheter une poire pour son petit déjeuner. Devant chez lui le trottoir est comme un miroir et il glisse par terre. Lorsqu' il arrive au magasin il demande au vendeur 'Deux paquets de sel, s'il vous plaît. C'est pour le trottoir gelé.'

'Vous ne voulez pas une poire?' demande le vendeur.

'Ah, oui. J'avais oublié,' répond Robinet.

Alors, le vendeur le frappe avec une pomme de terre. 'Demain, vous n'oublierez pas.'

Peut-être ne comprenez-vous pas pourquoi le propriétaire du magasin a une pomme de terre. C'est lorsque le vent entre par la porte. Sans la pomme de terre, les journaux s'envoleraient comme de grands oiseaux.

Devant le magasin, Monsieur Robinet tombe sur Madame Toutmoi. 'Bonjour,' lui dit-elle. 'J'ai froid. Pauvre de moi. Février n'est pas le mois pour moi ... Pourquoi avez-vous beaucoup de sel? Pour votre poire?!'

'Non,' répond Monsieur Robinet. 'C'est pour le trottoir.'

'Quoi!' crie Madame Toutmoi. 'Moi, je n'y crois pas. Vous allez manger le trottoir! Monsieur Robinet, vous serez toujours un mystère pour moi.'

In the evening, it snows. In the night, it freezes. In the morning, as usual, Monsieur Robinet goes to the shop to buy a pear for his breakfast. In front of his home the pavement is like a mirror and he slips to the ground. Arriving at the shop he says to the shopkeeper 'Two packets of salt, please. It's for the frozen pavement.'

'Don't you want a pear?' asks the shopkeeper.

'Oh, yes. For a moment I forgot,' replies Robinet.

The shopkeeper hits him with a potato. 'Tomorrow you will not forget.'

Perhaps you do not understand why the shopkeeper has a potato. It's for when the wind comes through the door. Without the potato the newspapers fly into the air like big birds.

Outside the shop Monsieur Robinet meets Madame Toutmoi. 'Hello,' she says to him. 'I am cold. Poor me. February isn't the month for me. Why have you got a lot of salt? For your pear?'

'No,' replies Monsieur Robinet. 'It is for the pavement.'

'What!' cries Madame Toutmoi. 'Me, I cannot believe it. You are going to eat the pavement! Monsieur Robinet, you will always be a mystery to me.'

Aujourd'hui Monsieur Robinet contribue au festival de la ville. Doucement il place des cailloux sur l'herbe pour former les lettres d'un message adressé aux gens: LA TELEVSION EST MAUVAISE POUR VOTRE CONVERSATION AVEC LE CHIEN. Le chien surveille le tas de cailloux de son maître en silence.

Today Monsieur Robinet makes his contribution to the town festival. Carefully he places pebbles on the grass, forming the letters of a message for the people: TELEVISION IS BAD FOR YOUR CONVERSATION WITH THE DOG. His dog quietly keeps guard over his master's pile of pebbles.

La nièce de Monsieur Robinet lui rend visite. Au petit déjeuner elle lui dit, 'Mon oncle, dis-tu la *fin* du pain, ou le *début*?'

'Je dis le début du pain,' répond l'oncle.

'Et ton chien, Chirac?' demande la nièce, 'Que dit-il?'

'Mon chien ne parle pas' répond Monsieur Robinet.

Monsieur Robinet's niece is making a visit. At breakfast she says, 'Uncle, do you say the *end* of the bread, or the *beginning*?'

'I say the beginning of the bread,' answers her uncle.

'And what about your dog, Chirac?' asks the niece. 'What does he say?'

'My dog does not speak,' replies Monsieur Robinet.

Monsieur Robinet est invité à dîner chez Madame Toutmoi. Il est très malheureux. La dernière fois qu'il lui a rendu visite il a dit trois mots seulement: 'Bonjour', 'merci' et 'au revoir'. Bon, en fait ... quatre mots. Tout le temps Madame Toutmoi avait répété, 'Moi ci ...' et 'Moi ça ...' 'Moi moi moi.' Après cela, il avait décidé qu'il n'irait jamais plus chez elle. Mais quand elle lui a téléphoné pour l'inviter à nouveau, il a dit 'Oui, oui, bien sûr. Un dîner chez vous ... formidable.'

Le jour de sa visite arrive. Il se réveille tout content. Pourquoi? Parce qu'il est malade. Il a le nez qui goutte. Il prend le téléphone. 'Madame ...' Après dix minutes de 'moi moi moi', il recommence 'Je suis vraiment désolé madame, je suis enrhumé. Il faut que je reste chez moi aujourd'hui.'

'Mais, Monsieur Robinet,' répond-elle, 'Je vous ai acheté une grosse poire!'

'Une grosse poire! dit Monsieur Robinet. 'Madame Toutmoi, j'arrive. Et j'apporterai mon mouchoir avec moi.'

Monsieur Robinet is invited for dinner at the home of Madame Toutmoi. He is very unhappy. The last time he paid her a visit he only said three words: 'Hello', 'thank you' and 'goodbye'. Oh, alright ... four words. All the time Madame Toutmoi had said 'Me this ...' and 'Me that ...' Me, me, me. Afterwards he decided, never again. But when she telephoned him with another invitation he said 'Yes, yes, but of course. A dinner at your home ... great!'

The day of his visit arrives. He gets up happy. Why? Because he has a sickness. His nose is dripping. He picks up the telephone. 'Madame ...' After ten me-minutes he recommences. 'I'm gutted, Madame. I've got a cold. I need to stay at home today.'

'But Monsieur Robinet,' she replies. 'I've bought a big pear for you.'

'A big pear!' says Monsieur Robinet. 'Madame Toutmoi, I'm coming. I will bring my handkerchief.'

Un dimanche après-midi Monsieur Robinet et son chien se promènent dans le parc. Il commence à pleuvoir. 'Excuse-moi, Chirac' dit Robinet, et il met son chien sur la tête pour se protéger de l'eau qui tombe des nuages. Le prêtre, qui passe, lui dit 'Ne nous posons pas la question de savoir ce qui est au-dessus de nous'.

One Sunday afternoon Monsieur Robinet and his dog are in the park. It begins to rain. 'Excuse me, Chirac,' says Robinet, putting his dog on his head to provide protection against the cloud wet. The priest who passes says 'Let us not ask questions about that which is above us.'

Madame Toutmoi téléphone à Monsieur Robinet. 'Pour mon anniversaire j'ai demandé à Monsieur Raymond de m'emmener en automobile pour faire un pique-nique. Pouvez-vous venir avec nous? Alors, apportez votre chien,' dit Madame Toutmoi, '… et votre argent.'

Madame Toutmoi rings Monsieur Robinet. 'For my birthday I have asked Monsieur Raymond to take me out in his car for a picnic. Can you come? Bring your dog,' says Madame Toutmoi, '... and your money.'

Monsieur Robinet se promène dans les champs avec son chien quand il se rend compte que toutes les couleurs sont mélangées. Les vaches sont vertes. Vertes! Elles marchent sous un soleil bleu et un ciel jaune. Monsieur Robinet sort la poire de son sac, et le fruit est gris. Gris avec des rayures violettes, orange et noires. Il mange la poire. Madame Toutmoi s'approche et lui dit 'Monsieur Robinet. Moi, j'ai besoin de vous. Désespérément.' Monsieur Robinet est embarrassé. Soudain, Madame Toutmoi se transforme en une énorme pomme de terre. Monsieur Robinet la met dans son sac et rentre chez lui préparer son dîner.

Monsieur Robinet is out dog-walking when he realises that all the colours are mixed up. The cows are green. Green! They walk under a blue sun and a yellow sky. Monsieur Robinet takes his pear out of his bag and the fruit is grey – grey with stripes of violet, orange and black. He eats the pear. Madame Toutmoi approaches and says, 'Monsieur Robinet, I need you. Desperately.' Monsieur Robinet is embarrassed. Suddenly Madame Toutmoi turns into an enormous potato. Monsieur Robinet places her in his bag and returns home to prepare his dinner.

Monsieur Robinet essaye de faire parler son chien. Il lui montre un os, et dit à l'animal, 'Chirac, ceci n'est pas une niche, qu'est-ce que c'est?' Le chien reste endormi.

Monsieur Robinet is trying to make his dog speak. He holds a bone and says to the creature, 'Chirac, this is not a kennel – what is it?' The dog continues to sleep.

Monsieur Robinet répond au téléphone et entend la voix de Madame Toutmoi. 'Quelle belle journée,' dit-elle, 'Voulez-vous m'accompagner à la campagne pour faire de la bicyclette?'

'Aujourd'hui, non!' répond Robinet, 'Aujourd'hui je lave mon mouchoir.'

Mr Robinet answers the telephone and hears the voice of Madame Toutmoi. 'What a lovely day. Would you like to go into the country for a cycle ride?'

'Today, no!' replies Robinet. 'Today I am washing my handkerchief.'

Une nuit, Monsieur Robinet enterre la niche de son chien dans le jardin. Quand il a fini son travail, il mange une poire.

Après le repas, sous un croissant de lune, l'homme déterre la petite maison de Chirac et, pendant trois heures, le chien aboie sa joie.

One night Monsieur Robinet buries the kennel of his dog in the garden. When he has finished his work he eats a pear.

After the meal, under a scrap of the moon, the man digs up Chirac's little home, and for three hours the dog speaks its joy.

vegeta

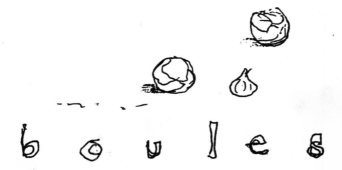

boules

Le petit spectacle de Monsieur Robinet et Monsieur Raymond pour la fête de la ville

Interprété par Monsieur Robinet, Chirac et Monsieur Raymond.
Les deux hommes portent des sacs de pommes de terre

Monsieur Raymond: Ce n'est pas loin, mes amis.

Monsieur Robinet: Je l'espère bien, Antoine. Ma torche est enflammée ... et mon rhumatisme est enflammé aussi. Pourquoi escaladons-nous la colline? J'espère qu'il y a quelque chose d'importance au sommet.

Monsieur Raymond: Tu as de l'espoir. C'est bien. Voilà, nous y sommes. Regardez! Notre banquet.

Monsieur Robinet: Mais ce n'est qu'un tas de cailloux!

Monsieur Raymond: Oui. Et nous avons oublié l'importance des pierres. Comme la pierre du roi Arthur, par exemple.

Monsieur Robinet: Arthur?

Monsieur Robinet's short drama for the town festival

Performed by Monsieur Robinet, Chirac and Monsieur Raymond.
The two men are wearing potato sacks

Monsieur Raymond: It's not far now, my friends.

Monsieur Robinet: I hope not, Antoine, my torch is burning ... and so is my rheumatism. Why are we climbing this hill? I hope there is something at the top.

Monsieur Raymond: You have hope. That is good. Here we are ... Look! Our banquet.

Monsieur Robinet: But it is just a pile of pebbles!

Monsieur Raymond: We have forgotten the importance of stones, Antoine. Take the stone of Arthur, for example.

Monsieur Robinet: Arthur?

Monsieur Raymond: Arthur … L'homme qui a retiré l'épée Excalibur, prisonnière de la pierre. Seul le futur roi pouvait le faire. Mais Arthur a pris l'épée et laissé le plus important: la pierre. L'erreur classique. On ne voit pas la lune à cause de la lumière du soleil. Il a manqué le premier prix: la pierre! C'était la chose la plus importante mais qui semblait être la chose la plus ordinaire.

Monsieur Robinet: Et la plus lourde aussi.

Monsieur Raymond: En fait, la pierre était une énorme pomme de terre.

Monsieur Robinet: Vraiment … ? Et ça, là … c'est un tas de cailloux ou de petites pommes de terre?

Monsieur Raymond: Ni l'un ni l'autre. C'est un tas de biscuits pour chiens.

Chirac: Vraiment … ?

Monsieur Raymond: Arthur ... who took out the sword Excalibur which was imprisoned in the stone. Only the future king could do it. But he took the sword and left what was important: the stone. The usual mistake. We cannot see the moon for the sunshine. He left the big prize. The stone! The most important thing. The more ordinary thing.

Monsieur Robinet: And the most heavy!

Monsieur Raymond: The stone was in fact an enormous potato.

Monsieur Robinet: Really ... ? And this pile, here ... are they pebbles or small potatoes?

Monsieur Raymond: They are neither. They are dog biscuits.

Chirac: Really ... ?

Mr. Robinet flings the iced donut fingerwards.

Donut press

www.donutpress.co.uk